ALPHABET

DU

PREMIER AGE,

OU

NOTIONS ÉLÉMENTAIRES SUR L'ART DE LIRE.

A TOUL,

CHEZ J. CAREZ IMPRIMEUR-LIBRAIRE.

1828.

I i J j *I i J j*	K k *K k*
L l *L l*	M m *M m*
N n *N n*	O o *O o*
P p *P p*	Q q *Q q*

R r	S s
R *r*	*S* *s*
T t	U u
T *t*	*U* *u*
V v	X x
V *v* *v*	*X* *x*
Y y	Z z
Y *y*	*Z* *z*

ALPHABET

Alphabet à rebours.

l i k j h g f e d c
b a z y v u x t s
r q p o n m.

Capitales.

L I K J H G F E
D C B A Z Y V U
X T S R Q P O N
M

Consonnes.

b c d f g h k l m
n p q r s t v x z.

Voyelles.

a e i o u y.

Syllabes formées d'une voyelle et d'une consonne.

ab, eb, ib, ob, ub,
ac, ec, ic, oc, uc,
ad, ed, id, od, ud,
af, ef, if, of, uf,
ag, eg, ig, og, ug,
ah, eh, ih, oh, uh,
aj, ej, ij, oj, uj,
ak, ek, ik, ok, uk,
al, el, il, ol, ul,
am, em, im, om, um,
an, en, in, on, un,
ap, ep, ip, op, up,
aq, eq, iq, oq, uq,

ar, er, ir, or, ur,
as, es, is, os, us,
at, et, it, ot, ut,
av, ev, iv, ov, uv,
ax, ex, ix, ox, ux,
az, ez, iz, oz, uz.

Syllabes formées d'une consonne et d'une voyelle.

Ba be bé bè bê bi bo bu
Ca ce cé cè cê ci co cu
Da de dé dè dê di do du
Fa fe fé fè fê fi fo fu
Ga ge gé gè gê gi go gu
Ha he hé hè hê hi ho hu
Ja je jé jè jê ji jo ju

Ka ke ké kè kê ki ko ku
La le lé lè lê li lo lu
Ma me mé mè mê mi mo mu
Na ne né nè nê ni no nu
Pa pe pé pè pê pi po pu
Qua que qué què quê qui quo qu
Ra re ré rè rê ri ro ru
Sa se sé sè sê si so su
Ta te té tè tê ti to tu
Va ve vé vè vê vi vo vu
Xa xe xé xè xê xi xo xu
Za ze zé zè zê zi zo zu

INSTRUCTIONS

D'UN

PÈRE A SON FILS.

Vois, mon a-mi, cet-te im-men-se é-ten-due bleu-â-tre qui en-vi-ron-ne la ter-re; nous l'ap-pe-lons le fir-ma-ment, ou le ciel.

Re-gar-de là bas ces mon-ta-gnes, ces bois qui les sur-mon-tent, et cet-te quan-ti-té de ruis-seaux qui des-cen-dent de ces hau-teurs pour ar-ro-ser la plai-ne et ra-fraî-chir les fleurs qui font l'or-ne-ment de la prai-rie.

Re-gar-de ces champs la-bou-rés

et cou-verts de mois-sons que nous re-cueil-le-rons dans peu de temps ; et ces jar-dins verts, où des ar-bres sont a-bon-dam-ment char-gés de tou-tes sor-tes de fruits, con-ve-na-bles à la nour-ri-tu-re des hom-mes : tout ce-la est l'ou-vra-ge d'une puis-san-ce di-vi-ne, d'u-ne pro-vi-den-ce su-prê-me et in-fi-nie, qui gou-ver-ne l'u-ni-vers.

Ce beau so-leil que tu vois, a été fait pour é-clai-rer et pour é-chauf-fer, pour a-ni-mer la na-tu-re; ce cré-a-teur tout-puis-sant a fait aus-si la lu-ne et cet-te pro-di-gi-eu-se mul-ti-tu-de d'é-toi-les qui bril-lent au ciel pen-dant la nuit. Il a fait bien d'au-tres merveil-les que tu pour-ras con-naî-tre quand tu sau-ras bien li-re; et quand, a-vec l'â-ge, tu pour-ras mieux en ap-pré-ci-er l'im-men-si-té, tu se-ras as-su-ré-ment pé-né-tré de la plus pro-fon-de ad-mi-ra-ti-on.

Por-te tes re-gards au-tour de toi, mon a-mi; vois ces trou-peaux qui pais-sent dans les prés, ils nous sont sou-mis, ils ont é-té for-més par le mê-me cré-a-teur pour nous ha-bil-ler de leur lai-ne, et pour nous nour-rir de leur lait.

Re-gar-de en-co-re ces plan-tes di-ver-ses qui crois-sent dans nos jar-dins; les u-nes ser-vent à nous nour-rir, et d'au-tres sont des-ti-nées à nous sou-la-ger dans nos ma-la-dies, vois l'eau que les sour-ces et les ri-viè-res nous four-nis-sent pour nous a-breu-ver: tout ce-la est en-co-re l'ou-vra-ge et l'ef-fet de la bon-té de cet Ê-tre tout-puis-sant.

En cré-ant les hom-mes, sa bien-fai-san-ce su-prê-me a pour-vu à tous leurs be-soins.

C'est par son or-dre, mon a-mi, que la ter-re, que nous ha-bi-tons, sur la-quel-le tu mar-ches, pro-duit tout ce qui est né-ces-sai-re à la con-ser-va-ti-on de no-tre exis-ten-ce. Tu pen-ses bien que ceux qui pro-fi-tent de tant de fa-veurs, sont in-ca-pa-bles d'o-pé-rer, de si grands pro-di-ges. Hé bien! ce-lui qui les a faits, s'ap-pel-le Dieu.

Plus tu de-vien-dras grand et sa-vant, mon pe-tit a-mi, plus tu ad-mi-re-ras, plus tu bé-ni-ras la gran-deur de ses bien-faits. Tu sau-ras qu'il ne les a pas bor-nés à ce qu'il faut pour l'hom-me seul; il a pour-vu pa-reil-le-ment aux be-soins du plus fai-ble des a-ni-maux; tu ver-ras que les oi-seaux qui vo-lent dans les airs, trou-vent, par sa sa-ges-se et sa bon-té, de quoi sub-sis-ter, dans les pro-duc-ti-ons de la ter-re, et qu'ils en pro-fi-tent a-vec nous; les pois-sons, sous les eaux, trou-vent aus-si des her-bes et des grai-nes que ce Dieu y a ré-pan-dues pour les a-li-men-ter: en-fin tu ver-ras que tou-tes les cré-a-tu-res ont re-çu de ce Dieu leurs a-li-ments, pour de-ve-nir à leur tour ce-lui des hom-mes.

Tu ver-ras en-co-re, mon fils, que ce Dieu a cré-é des a-ni-maux do-mes-ti-ques pour nous ai-der dans nos tra-vaux, pour ai-der à la-bou-rer, à por-ter ou traî-ner des char-ges, à fai-re mil-le au-tres cho-ses qui sur-pas-sent nos for-ces ; et que non seu-le-ment ils nous se-cou-rent pen-dant leur vie, mais qu'ils nous sont en-co-re très-u-ti-les a-près leur mort, en nous lais-sant des dé-pouil-les dont nous nous ser-vons très-avan-ta-geu-se-ment.

Il a don-né un ins-tinct bor-né, à tous les a-ni-maux, à ceux qui cou-rent dans les fo-rêts, à ceux qui vo-lent dans les airs, à ceux qui vi-vent dans les é-ta-bles, a-fin que l'hom-me pût les domp-ter, et s'en ren-dre maî-tre: et c'est pour ce-la, qu'il nous a ac-cor-dé des fa-cul-tés plus é-ten-dues.

Ce Dieu, si bien-fai-sant, n'a pas dû cré-er l'hom-me, et lui pro-di-guer tant de biens, sans a-voir de des-sein ; il l'a créé pour en ê-tre ser-vi et a-do-ré. Cet es-prit, dont je viens de te par-ler, mon en-fant, ne nous a été don-né que pour qu'il com-prit com-bien nous de-vons de re-con-nais-san-ce à ce su-prê-me bien-fai-teur. Il a ren-du no-tre â-me sen-si-ble et sus-cep-ti-ble de gra-ti-tu-de, pour nous fai-re com-pren-dre l'é-ten-

due de nos de-voirs en-vers lui.

Ce n'est pas seu-le-ment par des ac-ti-ons de grâ-ces, que nous pou-vons le re-mer-cier de ses bon-tés; c'est en sui-vant la loi qu'il a gra-vée dans tous les cœurs ; loi sim-ple, que tous les peu-ples sui-vent; cel-le qui or-don-ne à tout ê-tre rai-son-na-ble, de se mon-trer bon, jus-te, ac-ces-si-ble à la com-mi-sé-ra-ti-on, à la cha-ri-té et à la bien-fai-san-ce; cel-le qui com-man-de la jus-ti-ce et l'é-qui-té.

Quand tu se-ras a-vec d'au-tres en-fants, tes é-gaux, tes ca-ma-ra-des, pen-se que ce sont tes frè-res, qu'ils sont, com-me toi, les en-fants de Dieu: sois donc bon, com-plai-sant en-vers eux, soit compâ-tis-sant à leurs maux; tâ-che de les sou-la-ger, si tu le peux.

Voi-là, mon cher a-mi, com-me tu dois t'ef-for-cer de plai-re à Dieu. Lors-que tu se-ras plus grand, et par-con-sé-quent plus rai-son-na-ble, tu te fe-ras aus-si un de-voir d'i-mi-ter ceux qui se dis-tin-guent par leurs ver-tus, en-vers leurs sem-bla-bles.

Non-seu-le-ment ne fais point à au-trui ce que tu ne vou-drais pas qu'il te fût fait, mais *fais pour lui tout le bien que tu vou-drais que l'on fît pour toi-mê-me.*

Tel est le fon-de-ment de tou-tes les re-li-gi-ons; et c'est d'a-près ces res-pec-ta-bles prin-ci-pes, qu'on rend hom-ma-ge à la di-vi-ni-té.

Jus-qu'i-ci, mon pe-tit a-mi; tu

as vu que la vo-lon-té de Dieu est une loi né-ces-sai-re ; et aus-si sim-ple que ses ou-vra-ges : il faut donc la sui-vre en l'a-do-rant. El-le tend en-co-re à no-tre bon-heur gé-né-ral et par-ti-cu-lier.

Je ne puis main-te-nant t'en di-re da-van-ta-ge sur la loi de Dieu. Dans un temps plus fa-vo-ra-ble à la rai-son, nous par-le-rons de cet-te loi : mais je te re-com-man-de de rap-pe-ler sou-vent à ton es-prit le peu de cho-ses que je viens de te di-re, a-fin de ne t'en point é-car-ter. C'est quand tu pour-ras quel-que peu ré-flé-chir, se-lon ta fai-ble con-cep-ti-on, que l'on t'ap-pren-dra quel-le est la re-li-gi-on que tu nous vois pro-fes-ser, dans

la-quel-le nous som-mes nés com
me toi, que nous te-nons de nos
pè-res, et qui, d'â-ge en â-ge, leur
a é-té trans-mi-se par leurs an-cê-
tres. Sa mo-ra-le su-bli-me et sain-
te, ne sau-rait en-co-re ê-tre sen-
tie ni ad-mi-rée par ta rai-son qui
ne fait que de naî-tre.

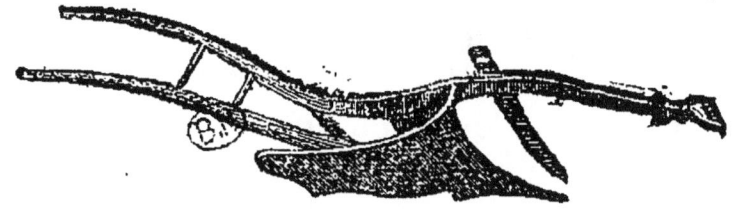

A AGRICULTURE.

L'agriculture est l'art de cultiver la terre pour lui faire produire les choses dont nous avons besoin; non seulement il comprend la culture des terres, au moyen de la charrue, mais aussi celle des vignes, des jardins, et même les soins que l'on doit donner aux forêts.

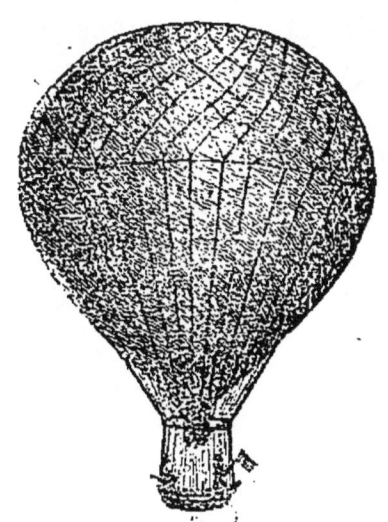

B LES BALLONS.

Les ballons qu'on nomme encore *aérostats*

sont remplis d'un air plus léger que celui que nous respirons. Ils s'élèvent jusqu'à la hauteur à laquelle ils rencontrent un air qui, à égalité de volume, pèse autant que celui qu'ils renferment.

L'aéronaute est placé dans la nacelle qui est au-dessous.

C CHAT.

Il existe des chats sauvages et des chats domestiques; ces derniers nous sont utiles en nous débarrassant des souris et des rats. Il y aurait de la barbarie à leur faire du mal, et souvent un grand danger; car, lorsqu'ils sont attaqués, ils se défendent en désespérés.

D DROMADAIRE.

Espèce de Chameau qui n'a qu'une bosse. Il habite les climats chauds où il rend de grands services aux naturels du pays. Il les nourrit de son lait, ils se font des vêtements avec son poil, et il les transporte en peu de temps à des distances considérables.

E ÉTOURDI.

On appelle étourdi celui ou celle qui fait

une chose sans avoir réfléchi aux conséquences qui peuvent en résulter. Il y a de l'étourderie à monter sur une échelle mal assurée, et on court risque de se tuer ou de s'estropier.

F   LA FAUVETTE.

C'est un charmant petit oiseau dont la tête est noire et tout le reste du corps varié de différentes couleurs ; son chant est tellement mélodieux qu'on le confond avec celui du rossignol.

G   LES GLOBULES.

Les enfants savent tous comment on forme

des globules avec l'eau de savon, mais ils ignorent pour la plupart que l'air chaud qui sort de leurs poumons est la seule cause de l'ascension de ces même globules.

H   HANNETON.

Insecte bien connu des enfants qui en font le sujet de leur amusement et souvent finissent par les faire souffrir. Ils doivent se mettre en garde contre ce penchant à faire du mal. La plus légère réflexion les arrêterait ; ne pourraient-ils pas à leur tour devenir le jouet d'êtres plus forts qu'eux.

I   INDIGENT.

L'indigence est souvent la suite des infirmités ou de l'âge. Ces seuls motifs la rendraient respectable si la compassion ne nous fesait un devoir de respecter et secourir même les hommes plus faibles et plus malheureux que nous.

J **LE JACKAL.**

Il habite la partie tempérée de l'Afrique et de l'Asie; il ressemble au Loup et au Renard. On peut le priver, et alors il devient aussi familier que le chien.

LE KANGUROO.

Originaire de la nouvelle Hollande, le Kanguroo est remarquable par la disposition de ses membres qui augmentent progressivement de la tête vers l'extrémité inférieure. Il saute avec une facilité extraordinaire.

LE LIÈVRE.

Animal craintif et sans défense qui est attaqué

par une foule d'ennemis. Le chien, le chat, le renard, le loup et l'homme lui font une guerre continuelle. Il n'a pour se défendre que beaucoup d'agilité et d'instinct.

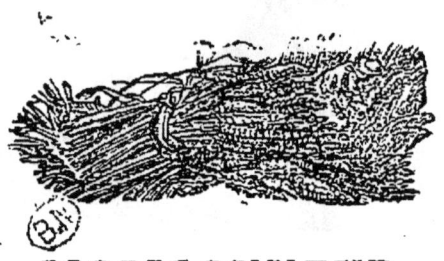

M MOISSONNEUR.

C'est aux travaux pénibles des moissonneurs que nous devons en partie notre nourriture. Courbés et exposés aux rayons d'un soleil brûlant, ils sont souvent tourmentés d'une soif dévorante.

N LA NAVIGATION.

Elle sert à ouvrir des relations entre les habitants de la terre, séparés les uns des autres par des rivières, des lacs ou des mers. Elle est d'une grande utilité, mais elle expose à des dangers.

O   **OBEISSANCE.**

Nous devons obéir à nos parents, à nos instituteurs, aux personnes plus expérimentées que nous; nous devons obéissance aux lois, et aux magistrats qui en sont les organes. C'est par obéissance que nous ne franchissons pas cette barrière.

P   **LA PÊCHE.**

Elle consiste à offrir des appas aux nombreux habitants des eaux, et à les prendre ensuite à l'aide des hameçons ou des filets. La pêche a été long-temps le seul moyen que des peuples entiers ont eu de se nourrir. On les nomme Ichtyophages.

Q   QUACRE.

On nomme ainsi des hommes qui forment une secte dont l'origine vient de l'Angleterre. Ils refusent d'aller à la guerre, de prêter serment, et ont l'habitude de tutoyer tout le monde, même les rois.

R   RAISIN.

Le fruit que produit la vigne, si agréable par lui-même, est précieux par la liqueur qui nous sert de boisson. L'excès qu'on en peut faire, trouble la raison, et nous ravale au dessous de la brute. C'est ainsi que les meilleures choses peuvent devenir nuisibles.

S LA SOURIS.

Joli petit animal dont la vue déplaît cependant, et auquel on fait une guerre qui en aurait détruit la race, si sa petite taille ne l'eut mis à l'abri des poursuites de ses ennemis.

DU PREMIER AGE. 33

T LA TOURTERELLE.

Cet oiseau dont les formes sont agréables a 'e plumage d'un gris bleuâtre; il est célèbre par sa douceur et l'attachement inaltérable qu'il a pour sa compagne.

U USURIER.

Homme avide, insatiable de richesses, et qui

calcule froidement sur la détresse et la misère des malheureux, qui ont recours à lui.

V VIEILLARD.

La vieillesse a des droits incontestables aux soins, aux attentions de la jeunesse. Ce serait le signe d'un bien mauvais naturel chez celui qui ne s'empresserait pas de remplir une obligation aussi douce, aussi sacrée.

X **XYLON.**

Plante originaire des Indes, et qui produit le coton.

Y **YVERDUN.**

Jolie ville de la Suisse, célèbre par l'institution de Peztalzzi.

Z   LE ZÈBRE.

Le Zèbre originaire des contrées méridionales de l'Afrique, sa peau est moëlleuse comme le satin, elle est ornée de bandes élégantes en forme de rubans. Son cri a quelque ressemblance avec le son du cor de chasse.

FIN.

www.ingramcontent.com/pod-product-compliance
Lightning Source LLC
Chambersburg PA
CBHW061016050426
42453CB00009B/1470